Mögen alle Wesen dauerhaft Glück
und die Ursache des Glücks erfahren.

Nach der Metta-Meditation

# ATMENDES NICHTS

© 2013 tao.de in: J. Kamphausen Mediengruppe GmbH, Bielefeld
Autor: Konrad Polak
Verlag: tao.de in: J. Kamphausen Mediengruppe GmbH Bielefeld
ISBN: 978-3-95529-287-4
Printed in Germany
Bibliographische Information der Deutschen Nationalbibliothek:
Die Deutsche Nationalbibliothek verzeichnet diese Publikation in der Deutschen Nationalbibliographie; detaillierte bibliographische Daten sind im Internet über http://dnb.d-nb.de abrufbar.

# INHALTSVERZEICHNIS

## DAS UNNENNBARE

## MIT WEITEM HERZEN

## VERKÖRPERUNG

## IN DER WEITE

## HINGABE

# DAS UNNENNBARE

## ATMENDES NICHTS

Die Leere atmet aus
und gebiert das Sein.

Das Formlose
gerinnt zu Strukturen,
das Namenlose
bringt Wesen hervor.

Die Leere atmet ein
und nimmt das Sein zurück.

Formen verwehen
Wesen vergehen,
Welten versinken.

Werden, Sein und Vergehen -
Episoden im Nichts.

## SCHÖPFUNG

Nichts
war vor dem Sein.

Entfaltet
das Werden den Raum?
Erschafft
das Geschehen die Zeit?

Wird das All einst
wieder kontrahieren
zum Nichts?

# IM NICHTS

Ein Stern leuchtet.
Eine Wolke zieht.
Eine Amsel singt.
Ein Mensch staunt.

Was ist da
in der Weite des Alls?

Vergängliches
in der Unendlichkeit -

oder das Ewige
in endlichen Formen?

## AUS SEHNSUCHT

Aus dem Wunsch
des Nichtseins zu erfahren,
wie es denn sei zu sein,
entstand die Welt.

Nun erlebt das Nichts
in Form von Lebewesen
Geburt und Wachsen,
Altern und Sterben.

Die Wesen aber
die Freude und Angst,
Liebe und Schmerz erleben,
sind nichts Eigenständiges.

Wenn es gesättigt
an Erfahrungen, kehrt das,
was eine Weile da war,
zurück ins Nichts.

## DAS UNENDLICHE

Jedes Einzelne
ist eine Form des Einen,
jedes Getrennte
ist zugleich das Ganze.

Das Namenlose
bildet alle Wesen,
der eine Geist
umfasst das All.

Das Nichts
umhüllt jedes Sein,
die Leere birgt
die Fülle der Welten.

Da ist kein Halt,
keine Sicherheit,
und doch
ist alles geborgen
im Urgrund.

# DIE WAHRHEIT

Ich möchte erkennen
und aus der Wahrheit leben,
um wirklich zu sein.

Was ist das Wahre,
der Kern dieser Wirklichkeit
und das Wesen des Menschen?

Was ist die Substanz des Alls,
der Antrieb dieses
Werdens und Vergehens?

Denker wie Weise versuchen,
das Unsagbare zu fassen
und das Unfassbare zu sagen.

Es scheint unmöglich,
das ewige Unendliche
zu begreifen
oder auch nur zu benennen.

Aber es ist um uns und in uns.
Wir sind es,
denn wir sind aus ihm,
dem einzig Wahren.

## DER NAMENLOSE

Das unendliche Göttliche
trägt tausende Namen
und ist doch namenlos.

Das Unnennbare
bildet Billiarden Formen
und ist doch eins.

Alles ist der Eine,
das All und die Sonne,
die Erde und das Leben.

Wolken und Meere,
Steine und Bäume,
Vögel wie Menschen
sind nichts als der Eine.

Der Unnennbare ist alles.
Ich bin nichts anderes.

Der Namenlose ist ich
und ich bin er.

## LEERE

Kein Halt nirgends,
kein Sinn, keine Sicherheit.

Keine Mitte, keine Grenze,
kein Weg oder Ziel.

Alles bleibt unfassbar
und ist eigentlich leer.

Aber Leere ist Weite,
ist ewiger Raum zu sein.

Alles ist möglich
in dieser Endlosigkeit.

Und der eine Raum
umschließt und verbindet,
was in ihm ist.

## SEHNSUCHT

Das Nichts
begehrt zu sein,
das Ungeborene
ersehnt Gestalt.

Die Welt existiert
aus diesem Verlangen;
aus dieser Sehnsucht
gebiert das Nichts das Sein.

Nun lebt Unendliches
im Endlichen,
erfährt Beschränktheit
und verlangt
nach Grenzenlosigkeit.

Formen und Formloses,
Irdisches und Göttliches –

trotz ihrer Sehnsucht
nach einander
sind sie schon immer eins.

# NUR DAS EINE

Jede Idee,
jede Bewegung,
jede Form
und jedes Wesen
kommt aus dem Einen,

denn es gibt nichts
als dieses Namenlose.

Du bist das Eine,
wie ich es bin.

Wir sind nicht zwei,
sondern eins.

Wir sind das Eine selbst,
das eine Selbst.

## JENSEITS DES DENKENS

Wir können unser Dasein
weder definieren
noch wirklich kontrollieren.

Es geschieht.

Das eigentliche Sein
ist jenseits der Ideen
wie des Willens.

Es ist, was es ist,
unabhängig davon,
wie wir es deuten.

Stille zeigt sich,
wenn der Lärm zurückgeht;
das Wesen tritt hervor,
wenn Machen wie Bewerten
unterbrochen werden.

Wir sind es ja,
Sein im Sein.

## UNFASSBAR

Da ist
etwas Sanftes im Sein,
unfassbar
und leicht übersehbar.

Da ist
etwas Zartes im Sein,
das alles durchweht,
durchformt und beseelt.

Da ist
etwas Weites im Sein,
das andersartig,
wirkmächtig und wichtig.

Da ist
etwas Tiefes im Sein,
Verbundenheit,
Beseeltheit und Liebe.

## ICH RUFE DICH

Du Einer, Du Eine,
Du Eines - ich suche Dich.

Meine Sehnsucht
übersteigt diese Welt.

Lass mich schauen
die Wahrheit des Seins.

Die Nebel mögen schwinden
und die Grenzen fallen.

Das Wesen enthülle sich
und das Eigentliche
leuchte hervor,

dass statt meiner Begrenztheit
Deine Fülle und Weite sei.

## DER ICH BIN

Ich bin, der ich bin,
spricht des Eine,
unfassbar und namenlos.

Das Eine bin ich,
ewig und grenzenlos,
wie die Vielen,
die begrenzt und vergänglich.

Alle Zeit ist mein Jetzt,
jeder Ort ist mein Hier.

Das Universum ist mein,
Milliarden Galaxien
und Billiarden Wesen
bilden meinen Körper.

Die Materie bin ich,
die Energie und der Geist.
Die Quelle bin ich,
die Substanz und das Ende.

Alles bin ich und jeder,
denn ich bin, der ich bin.

# EIN LÄCHELN GOTTES

Das namenlose Göttliche,,
das vor dem Werden war,
ist die Quelle allen Seins.

Ein Gedanke Gottes vermag
eine Welt zu schaffen,
ein Lächeln Gottes genügt,
ein All hervorzubringen.

Und Gott lächelt.

Doch wie vergänglich
sind alle Formen.

Sie entstehen aus Gott
und vergehen in ihm.

Dieses flüchtige Sein –
es ist gleichsam
ein zärtliches Lächeln Gottes.

# NUR GOTT

Ich bin aus Gott
und damit Gott.

Nichts bin ich selbst,
denn Gott ist alles.

Wie könnte ich mich
hingeben oder verweigern?

Wer sollte das tun?
Nur Gott ist ....

# MIT WEITEM HERZEN

## WIE EIN GEFLECHT

Ein Strom von Energien
bewegt das Sein,
ein Netz aus Anziehung
durchzieht das All.

Ob Moleküle oder Lebewesen,
Planeten oder Galaxien,
eine Kraft verbindet sie
und lässt sie tanzen.

Was auch in Kernkraft
oder Schwerkraft wirkt,
das All besteht und funktioniert
seit Jahrmilliarden.

Wenn doch wir Menschen
vertrauensvoll
uns übergeben würden
dieser Macht.

## ERMÄCHTIGUNG

Führe mich, Herz,
wohin du willst.

Durchstrahle, öffne
und verwandle mich.

Erstrahle, Herz,
in dieses Leben.

Leuchte, Herz,
auf dieser Erde.

Verschenke mich,
an diese Welt.

# NICHTS ALS LIEBE

Unser Dasein
ist unsicher und ungewiss,
unsere Körper
sind verletzlich und vergänglich.

Das bringt Angst,
Schmerz und Trauer
in denen hervor,
die das Leben lieben.

Angst, Trauer und Schmerz
werden als störend
wie belastend empfunden,

aber sie entstehen aus Liebe
und sind in Wahrheit
Ausdruck der Liebe zum Sein.

## DAS TOR

Da ist Sehnsucht
nach Weite und Tiefe,
da ist Verlangen
nach Offenheit und Freiheit.

Was ist der Weg
aus Enge und Entfremdung?
Wo ist das Tor
aus der Begrenztheit?

Das Aufgeben
der Ich-Perspektive
führt in die Weite.

Hingabe an das,
was ist,
ist das Tor
in die Freiheit.

## DENKEN

Das Denken
unterteilt das Sein,
um es zu verstehen,
trennt und begrenzt es.

Das Gedachte
ist enger als die Wirklichkeit
und beschränkt
den Denkenden.

Wir erfahren Trennung,
weil wir uns
als Vereinzelte denken.

Dabei fließen
Materie und Energie,
Information und Liebe
ständig zwischen uns.

In Wahrheit
gibt es keine Grenzen
und Einssein ist erfahrbar.

## DAS WEITE HERZ

Das Herz ist so weit,
dass es alles umfasst.

Das Herz ist so groß,
dass es nichts festhält.

Es nimmt an, was kommt,
und entlässt, was geht.

Das Herz sieht,
staunt und versteht.

Das Herz schenkt,
dankt und segnet.

Es erdet den Geist
und wandelt
die Weite des Seins
zur Heimat.

## DER SCHMERZ

Wir sind in dieser Welt
vom Schmerz umhüllt,
getrennt zu sein,
verwundbar und vergänglich.

So lange wir ihn fliehen
in Leistung, Anerkennung
oder Ablenkung
jagt er uns vor sich her.

Wer aber stehen bleibt
und seinen Schmerz
umfängt mit weitem Herzen

erwacht vielleicht erstaunt
aus diesem Trennungstraum
zu freiem Sein.

## ENDLICH SCHAUEN

Noch sehen wir
wie durch Schleier,
noch blicken wir
wie durch Nebel auf die Welt.

Wenn wir doch
die spiegelnde Oberfläche
endlich durchschauen,
die Enge der Ich-Perspektive
aufgeben könnten.

Erfahren können, dass,
wo wir Trennung sehen,
sich das Eine entfaltet.

Begreifen dürfen, dass,
wo wir Fehler erblicken,
Vollkommenheit ist.

Endlich
zum Einssein erwachen,
das immer schon ist.

## LEUCHTE, HERZ

Liebe das Menschsein,
die Welt und die Menschen.
Gib dich hinein in das Sein.

Sieh die Schönheit
die Mühen und Leiden,
die Kraft wie die Tapferkeit
der vielen Lebensformen.

Bestaune Sterne und Gräser,
den Flug der Vögel,
das Ziehen der Wolken
und die Menschengesichter.

Besinge Lust und Schmerz,
Begehren und Hingabe.

Durchlebe Lachen und Trauer,
Werden und Vergehen.

Strebe nach einer Welt,
in der die Masken fallen,
Trennung endet
und Einssein gelebt wird.

Tanze den Lebenstanz.
Leuchte, Herz, leuchte.

## ICH IST GEGANGEN

Die Ich-Vorstellung
ist zerplatzt,
doch ihre Reste sind noch da
und lassen manchmal stolpern.

Da sind nun
Freiheit und Leichtigkeit,
aber auch
Unruhe, Scham und Angst.

Aber es ist möglich,
bewusst aus der Enge
der Ich-Perspektive
in die Weite zu gehen –

indem gelebt wird,
dass da niemand ist,
der sich verteidigen
oder erfüllen müsste.

## WAS NOCH ?

Alles ist Gott.

Was sollte da
noch zu tun,
zu suchen,
zu erreichen
oder zu retten sein?

Es bleibt innezuhalten,
zu staunen
und dankbar zu sein.

Nachdem wir lauschten
auf die Wahrheit der Stille,
können wir tun,
wozu die Liebe uns drängt.

## EINZIG DAS HERZ

Aus dem Nichts
wurden Welten und Wesen.
Sie sind eine Weile,
und vergehen wieder ins Nichts.

Einzig das Herz
sieht ihre Kostbarkeit,
einzig das Lieben
verleiht dem Vergänglichen Wert.

## DAS HERZ

Das Herz ist frei,
weil es nichts braucht.

Es ist so weit,
dass es nichts ausschließt,
sondern alles umfängt.

Wenn doch
das liebende Herz
Abwehr, Angst
und Bedürftigkeit in uns
endlich auflösen würde.

# VERKÖRPERUNG

# VERKÖRPERUNG

Das Grenzenlose
will sich erfahren,
das Namenlose
verlangt nach Gestalt.

So ist diese Welt
verkörperte Sehnsucht
des zeitlosen Einen.

In diesem Universum
lebt das Unendliche
im Endlichen –

aber immer nur eine Weile,
um mit neuen Erfahrungen
heimzukehren in sich.

So ist in Vergänglichkeit,
Altern und Tod
kein Grund zur Trauer.

## ERINNERN

Erinnerst Du Dich nicht
an Deine Vergangenheit?
Hast Du Deine Herkunft
so ganz vergessen?

Warst Du nicht einst
zuhause im Einen?
Wurdest Du nicht schon
im Urknall geboren?

Wie war es, als Stern
glühend und leuchtend
das All zu durchstreifen?

Erinnerst Du Dich
nicht an das Urmeer,
oder an Sonnenlicht
auf Deinen Blättern?

Denkst Du nicht mehr
an das Leben im Wasser,
das Jagen über die Steppe
oder das Schweben im Wind?

Hast Du ganz vergessen,
wie lange Du warten musstest
auf Deine Geburt
als menschliches Wesen?

## WIE ICH BIN

Ich bin, wie ich bin.
Wie sonst
sollte ich sein?

Da ich
mich nicht gemacht,
kann ich
kein anderer werden.

Ich muss so leben,
und in Beziehung treten,
wie ich eben bin.

Ich bin,
bei aller Unvollkommenheit,
vollkommen ich.

So darf ich sein
und glücklich sein,
wie ich geworden bin.

## BEHEIMATUNGEN

Im Körper zuhause sein,
in der Brust, im Bauch
und im Geschlecht.

Beheimatet sein auf der Erde,
in den Städten, in der Natur
und unter Menschen.

Im Geist wohnen,
im Erkennen, in Intuition
und im Glauben.

Gut ist es auch,
im Herzen
verwurzelt zu sein,
im Fühlen, im Verstehen
und im Lieben.

Schon immer
und für immer aber
sind wir gegründet
im einen Sein,
in Stille und Unendlichkeit.

# STROM DURCH DIE ZEIT

Ein Strom der Entwicklung
geht durch die Zeit,
eine Dynamik des Werdens
durch die Geschichte.

Aus Kernteilchen
werden Atome,
aus Wasserstoffwolken
entstehen Sonnen.

Moleküle bilden Strukturen
und lebende Zellen,
die Organismen bauen.

Lebewesen lernen laufen,
schwimmen oder fliegen;
bilden Familien, Völker
und freie Beziehungen.

Lebensdimensionen wie
das Bewusstsein weiten sich,
Einheit wird spürbar
und Liebe wächst.

Möge ich widerstandslos
in dieser Dynamik
zur Vollendung gelangen.

## ALLES IST GOTT

In einem Moment,
da der Verstand schwieg,
hat das Herz es verstanden:

Alles ist aus Gott
und alles ist göttlich.

Du spinnst,
sagt der Verstand:
Alles soll Gott sein?

Die Sonne vielleicht,
aber Spinnen und Mücken,
Heilige möglicherweise,
aber Debile oder Mörder?

Ach, Verstand, sagt das Herz,
woher kannst du wissen,
was wertlos oder falsch ist?

Wie kann denn gottlos sein,
was doch aus Gott
geworden ist?

## BEDEUTSAM?

Wichtig
ist das Leben eines Körpers
nur aus der Sicht des Ichs,
das ihn bewohnt.

Bedeutsam
ist die Existenz dieser Erde
nur für die Lebewesen,
die sie besiedeln.

Bedeutungsvoll
ist das Sein dieses Alls
nur für die,
die in ihm sind.

Umgeben von Nichts
ist alles Sein
wie ein flüchtiger Hauch
in der Unendlichkeit.

Vielleicht aber gibt es
eine göttliche Struktur,
die das Seiende wollte
.... und liebt?

## DAS UNGEBORENE

In mir und allem Leben
ist Geborenes,
Gestalt Gewordenes –

wie auch das Ungeborene,
das namenlose Ewige.

Beides sind wir,
Form und Formloses,
Endliches wie die Unendlichkeit.

Dieser Reichtum,
will gelebt,
diese Spannung
ausgehalten werden.

Wir sind irdische Formen
des Unnennbaren wie auch
das Grenzenlose selbst,
das grenzenlose Selbst.

## FÜLLE

Die Zeit
ist Teil der Ewigkeit,
Erde und Menschheit
sind Teil der Unendlichkeit.

Das Kleine
ist im Ganzen,
das Einzelne
im Einen geborgen.

Traurigkeit
gehört zur Sehnsucht,
Schmerz
ist Bestandteil der Liebe.

Begrenztheit, Schmerz
und Trauer
sind wie das Schöne
Teil der Fülle dieser Welt.

## DER LEBENSBAUM

Ich bin ein Blatt
am Baum des Lebens,
aus ihm gekommen
und tief mit ihm verbunden.

Doch bin ich auch der Baum,
der durch die Zeiten wächst,
wieder und wieder blüht
und immer neue Früchte bringt.

Ich bin die Erde, die ihn trägt,
der Regen, der ihn tränkt,
das Licht, von dem er lebt,
der Wind, der ihn durchweht.

Auch bin ich der Gedanke
wie die Kraft, die Leben schufen,
der Raum, in dem es ist,
das Nichts, in das es geht.

Das alles bin ich,
denn ich bin, der ich bin.

## GEFÄSSE

Wir Menschen
sind wie Gefäße.

In uns wie um uns
der eine Raum.

Mit Gedanken
wie Dingen
versuchen wir die Leere
innen wie außen zu füllen.

Doch nur offene,
weite und leere Gefäße

können das Kostbare,
das in uns leben will,

aufnehmen
und sich entfalten lassen.

## NUR EIN GEDANKE

Der Ich-Gedanke
ist ein Fixpunkt
in der Unendlichkeit
von Zeit und Raum.

Der Name dient dazu,
unter den Vielen
etwas zu unterscheiden
und hervorzuheben.

Identität hilft,
innerhalb der Vielfalt
erkennbar zu sein
und in Beziehung zu treten.

Zugleich aber
sind alle Wesen
vergängliche Formen
des namenlosen Einen.

# INDIVIDUALITÄT

Unterschiede der Menschen
im Aussehen, in Begabung
wie in der Persönlichkeit
gehören zum Spiel des Seins.

Individualität ist
wie ein schillernder Schleier,
der das Sein in der Welt
vielfarbig glitzern lässt.

Es gibt kein separates Ich,
kein isoliertes Du,
denn nur in Zeit und Raum
sind scheinbar wir getrennt.

Trotz ihrer Verschiedenheit
sind alle Wesen Gefäße
für die Neugier, die Lebenskraft
und die Sehnsucht des Einen.

## LIED DES LEBENS

Ich bin die Birke,
die da steht,
die Erde,
die sie trägt,
der Regen,
der sie tränkt.

Ich bin der Vogel
auf dem Zweig,
der sanfte Sommerwind,
das milde Abendlicht.

Doch bin ich auch
das Schöpfungsspiel,
das ich zugleich
gestalte wie erfahre.

Ich bin,
was war, was ist
und jemals sein wird.

Alles das bin ich,
das eine Sein.

# DIE ICH-IDEE

Unendlich
scheint das All,
unfassbar und unwirtlich.

Die Ich–Idee setzt
einen Orientierungspunkt
in dieser Weite.

Nun gibt es
scheinbar zwei,
das Ich hier –
und die Welt da draußen.

Das Ich betrachtet Wesen,
Dinge und Ereignisse
aus seiner Warte
und in Bezug auf sich.

Tatsächlich aber
gibt es keine Trennung,
keine Verschiedenheit
in der Substanz.

Welt und ich
sind ganz aus dem,
das vor dem Anfang war,
zu Sein gewordenes Nichts,
das namenlose Eine.

# MENSCHEN IM ALL

Menschen
sind Augen des Einen,
Sinnesorgane
des Unfassbaren
inmitten des Alls.

Menschen
sind Spiegel der Welt,
Erfahrende
des Geschehens
mitten im Sein.

Menschen
sind Resonanzkörper,
fühlende Herzen
des Einen
mitten im Nichts.

## GOTTES VERLANGEN

In jedem Sein
ist Gott in der Welt,

in jedem Wesen
atmet und fühlt Gott.

Was aber will Gott
in der Welt?

Gott ersehnt,
Gott zu schauen.

Gott begehrt,
Gott zu erfahren.

Gott verlangt danach,
eins zu sein mit Gott.

## EINFACH SEIN

Einfach im Körper,
einfach im Geist
und einfach
auf der Erde sein.

Einfach mit mir,
einfach mir Dir
und einfach
unter Menschen sein.

Alles darf geschehen.
Nichts muss erreicht
und nichts
vermieden werden.

Wir sind es schon,
das Eine,
das sich in uns
wie in uns sich erfährt.

## BEIDES

Ein Teil sein –
und das Ganze,

gebrochen
und doch heil,

getrennt
und doch eins.

Jetzt sein
und zeitlos,

hier sein
und grenzenlos.

Wie kann
das gelingen?

Nun –
es ist doch schon.

# IN DER WEITE

# ICH BIN

Ein Mensch
in der Weite des Alls,
ein Name
im Namenlosen.

Lebendiges
in der Weite,
Begrenztes
im Grenzenlosen

Ein Wunder
bin ich,
aber vergänglich,

gleichsam
ein wunderbares Nichts
in der Unendlichkeit.

## PERSPEKTIVEN

Aus der Ich-Sicht
ist es schwer,
in der Welt zu sein,

getrennt und vereinzelt,
weitgehend wehrlos,
verletzlich und vergänglich.

Die Ich-Perspektive
erfährt das Leben
als dauernden Kampf,
der letztlich verloren wird.

Im Blick des Einen
ist es spannend,
in der Welt zu sein:

Unbekanntes erfahren,
Probleme bewältigen,
ausgeliefert sein ...

Aus göttlicher Sicht
ist dieses Dasein ein Spiel:

Scheinbar bedroht
und vergänglich,
tatsächlich aber
in der Fülle geborgen.

## GRÖSSER ALS DU

Ich bin das,
was größer ist als ich.
Du bist das,
was weiter ist als Du.

Nur in Zeit und Raum
sind wir begrenzt,
nur aus dieser Sicht
ist Trennung.

Unser Körper
ist in der Welt,
unser Geist jedoch
vermag sie zu umfangen.

Unser Leben
spielt sich auf der Erde ab,
unser Herz jedoch
ist eins mit dem Einen.

## AUGENBLICK

Wusstest Du schon:
Dieser Moment ... ist „Es".

Der Augenblick
ist das Ganze,
denn er ist ohne Grenze.

Das Jetzt
ist die Ewigkeit,
das Hier
die Unendlichkeit.

Es gibt nichts anderes
und nichts
muss anders werden.

Alles leuchtet
und nichts
muss erleuchtet werden.

## VORSÄTZE

Akzeptieren, nicht zu wissen.
Vertrauen, geführt zu werden.
Radikal lauschen.

Gedanken
vorüberziehen lassen.
Gefühle durchleben.
Stille und Leere annehmen.

Hineingeben in das,
was geschehen will.

Fülle sehen
und Liebe spüren.

Zeuge und zugleich
Teil des Einen sein.

## OFFENE WEITE

Leere Weite
ist der Urgrund,
in dem alles geschieht,

ungeschaffen, unbegrenzt
und vollkommen frei.

Welten entstehen
und vergehen,
Wesen erblühen
und verwehen.

Gedanken kommen
und verfliegen,
Gefühle erblühen
und verfließen.

Letztlich
bleiben keine Spuren,
denn alles Sein

ist ein flüchtiges Spiel
inmitten der Endlosigkeit.

## SEHEN WAGEN

Den Blick heben
und zu sehen wagen:

Nichts ist fest,
stabil oder verlässlich.

Alles Sein
ist Energiegeflimmer
in der Leere.

Die Welt
schwebt im Nichts
und besteht aus Nichts.

Da ist kein Halt
und keine Sicherheit,
kein Sinn und kein Ziel.

Wie alles Sein
bin ich ein Nichts
in der Leere,
etwas von jenem Nicht,
das alles ist.

## ENGE UND WEITE

Denken ist begrenzt,
nicht aber der Geist,
Fühlen ist wandelbar,
nicht aber das Herz

Worte sind begrenzt,
die Stille ist endlos,
das Sein ist vergänglich,
das Nichts aber grenzenlos.

## UNTERWEGS

Gelockt vom Unendlichen
bin ich unterwegs,
verführt vom Grenzenlosen
suche ich es.

Ich möchte
mit seiner Fülle verschmelzen,
meine Grenzen auflösen
in seiner Weite.

Getrieben
von dieser Sehnsucht
eile ich ihm entgegen.

## DAS WUNDER

Wir hängen fest
in unseren Illusionen
von Zeit und Raum,
von Enge und Trennung.

Dabei sind wir
im endlosen Jetzt
der Ewigkeit
wie in der offenen Weite
der Unendlichkeit.

In Wahrheit
gibt es keine Grenze
und keinen Mangel,
kein Hindernis
und kein Ende

für die Fülle des Seins,
die wir sind.

# HINGABE

## HINGABE

Im Werden
gibt sich das Nichts
ins Sein.

Im Vergehen
gibt sich das Sein
ins Nichts.

In der Hingabe
gibt sich das Ich
in die Liebe zurück.

## LIEBESENERGIE

Aus Liebe
bildet das Namenlose
Welten und Wesen.

Liebe verdichtet sich
zu Energie,
Energie gerinnt,
zu Materie.

So ist jedes Wesen
Struktur gewordene Liebe.

Wie eine Kernfusion
setzt das Aufgeben
von Trennung
Energien frei.

Durch Hingabe
an das Eine
wird Liebe
in die Welt gestrahlt.

## ERWACHEN

Wahrheit
kann sich nicht zeigen,
so lange ich sie schon habe.

Freiheit
erfahre ich nicht,
wenn ich mich anklammere.

Einssein
ist nicht erlebbar,
so lange ich trenne.

Das Göttliche
kann mich nicht füllen,
wenn ich nicht leer dafür bin.

# RUF DER SEELE

Will mich, Du Einer.
Suche mich.
Finde mich.

Sieh mich.
Umfange mich.
Erkenne mich.

Enthülle mich.
Liebkose mich.
Öffne mich.

Komme in mich.
Verströme Dich.
Befruchte mich.

Bewohne mich.
Wachse in mir.

Verwandle mich,
bis nur noch Du bist.

# CREDO

Als Gott sich verströmte
im Lichtblitz des Urknalls,
wurde das All geboren.

Alles Seiende ist wie ich
eine Entfaltung Gottes
und eines Wesens
mit dem Ewigen.

Ich öffne mein Menschsein
in die Fülle dessen hinein,
der ich in Wahrheit bin.

Ich gebe mein Ich
und sein Wehren
gegen das Unendliche auf,

um eins zu sein mit ihm,
was immer das
für mein irdisches Sein bedeutet.

# EIN GEFÄSS

Jedes Wesen
ist wie ein Raum,
der sich nicht selbst
zu füllen vermag.

Jedes Sein
ist ein Gefäss
für das Göttliche.

Je weiter ein Herz
und je offener ein Geist,
umso mehr Raum
für Gott.

Wie viel Leere
lassen wir zu?
Wie weit
wagen wir zu sein?

Wie hell kann Gott
aus uns leuchten?

## DAS GRÖSSTE ICH

Auch das größte Ich
verengt das Herz,

selbst das weiteste Ich
begrenzt den Geist.

Sogar das stärkste Ich
ist zu schwach zu lieben.

Mit dem Lassen des Ichs
öffnet sich der Geist,

jenseits des Ichs
erstrahlt das Herz,

erst in der Hingabe
entfaltet sich Liebe.

## KÖRPER UND SEELE

Seelen verdichten sich
manchmal zu Körpern,
um dieses Sein zu erfahren.

In der Welt der Formen
ist der Körper
das Auge der Seele,
ihre fühlende Haut
und ihre handelnde Hand.

Ausdruck der Seele ist er,
wie Tor ins Sein.

Durch die Körper
können sich
die Seelen begegnen,
in Beziehung treten
und einander bereichern.

Doch schon von Anbeginn,
seit sie wurden
und bevor sie sich
Körper schufen,
sind alle Seelen eins.

# FRAU UND MANN

Zwischen Frau und Mann
sind Sehnsucht, Begehren
und Verlangen
nach Verschmelzung.

Was treibt sie zueinander
mit manchmal
ungeheurer Macht?

Ist es Alleinsein,
die Wirkung von Hormonen
oder der tiefe Wunsch,
erahnte Einheit zu erfahren?

Die Frau gibt sich,
indem sie sich öffnet,
der Mann,
indem er sich verströmt.

Für Augenblicke
vergeht das Getrenntsein.

Ist diese Erfahrung
eine Bewusstseinstäuschung
oder ein kurzes Erleben
der innewohnenden Einheit?

# VERLANGEN

Frieden suchend
bin ich weit gegangen,
aber meine Sehnsucht
übersteigt diese Welt.

Wie die Nacht
das Licht erwartet
und die Leere
die Fülle begehrt,

so verlangt es mich
nach der Unendlichkeit
des wahren Seins.

Nur dem Ganzen
kann ich gehören.

Du Eines,
meine Sehnsucht meint Dich.

Hier bin ich.
Dein bin ich.

Keinerlei Trennung
oder Grenze
sei zwischen uns,

denn Du bist ich
und ich bin Du.

# UNBEGREIFLICH

Es ist, was ist,
namenlos und unbeschreiblich.

Es geschieht, was geschieht,
grundlos und unbegreiflich.

Wir haben keine Macht
über unser Sein.

Erst in der Hingabe
endet die Suche,

erst im Loslassen
entsteht Geborgenheit.

Die Stille weitet sich
und durchtränkt alles.

Nun ist friedvolles Sein
inmitten des Unendlichen.

## SEI DU

Dein Wille
geschehe an mir
und durch mich.

Dein Geist sei
in mir
wie in allen.

Deine Stille
breite sich aus.

Deine Liebe
lebe durch mich.

Dein Sein sei
statt meiner.

Vom gleichen Autor ist bei tao.de lieferbar:

## IN MIR DAS ALL

Gedichte vom Sein